Cuentos ilustrados de Rafael Pombo

intermedio

© 2000, CASA EDITORIAL EL TIEMPO

©2016, INTERMEDIO EDITORES, una división de
CÍRCULO DE LECTORES S.A.S

Concepto y realización
Semanarios Regionales 7 Días / Proyectos Especiales
Casa Editorial EL TIEMPO

Dirección general
Beatriz Vásquez Gómez

Dirección artística
Harvey Rodríguez Sarmiento

Supervisión general
Dalila Posada Fernández

Ilustraciones
María Fernanda Mantilla

Corrección de textos
Julio Orozco Vargas

Agradecimientos
Gerencia Prensa de Interés Regional
Semanarios 7 Días
Casa Editorial El Tiempo

Licencia de Intermedio Editores S.A.S
para Círculo de Lectores S.A.S. Bogotá D.C., Colombia

Impreso en Colombia - Printed in Colombia
Impreso por : Disonex S.A.

ISBN: 978-958-28-1152-5
G H I J

Contenido

Los cuentos y fábulas de Rafael Pombo han sido fuente de sabiduría y diversión para varias generaciones de niños colombianos y latinoamericanos. Escritas más de un siglo atrás, estas pequeñas obras maestras, llenas de gracia, encanto y música, recrean hoy valores universales que nunca perderán vigencia: la tolerancia, el respeto, la solidaridad, la constancia…

Para *Intermedio Editores* es un placer presentar esta selección, bellamente ilustrada, de los cuentos de Pombo. Estamos seguros de que será un maravilloso regalo para los lectores de todas las edades. Para los niños, porque les abrirá las puertas a mundos fabulosos, de la mano de personajes que quizá no conocen, y para los adultos, porque en sus páginas podrán redescubrir los momentos felices de su infancia.

Curioso método de lectura

A A repicando está.
¡A misa, que dejan ya!
Y hay que subir el repecho
Donde asoma el santo techo.

Pero usté, señora B,
Bebe tanto que da espanto,
Y con dos buches a cuestas,
Mal podrá subir a fiestas,
Ya revienta de fatiga,
Barriga sobre barriga.

Ya la corcovada C,
Como amiga de la tuna,
Adelante se nos fue
A los cuernos de la luna.

¿Y la D? la C al revés
Por la izquierda bien cerrada;
Un sombrero de empanada
Con sus puntas como ves.

Che, che, che, volvió la C
Pegadita de la H
Y despache, que la Che
Es no más que Ce con Hache.

Y la E cátela usté,
Ya llegamos a la puerta
De la casa del Señor,
Tan abierta
Que ahí está el altar mayor.

Y la efe mequetrefe,
A manera de temblor
Le dio un tajo y echó abajo
La pared de más abajo,
Pero no el altar mayor;
Y quedó como un portal
Con un techo y con su llave
Que aunque venga el temporal
No haya miedo que la lave.

G, G, G: ¡Cómo se agacha
Este arete de muchacha!
Y ¡qué grandes que los gasta,
Que parecen de canasta!

Hache, hache, eche, eche
Esa tranca atravesada
Que se sale la vacada
Y ayunamos hoy de leche.

I, I, I: Me gusta así.
Como un poste, bien derecho,
Que alto el rostro y satisfecho
Dice al mundo: yo no bebo,
Ni un cuartillo a nadie debo,
Ni a ninguno le hice un hecho
Que me ponga carmesí.

Entretanto que a la Jota
　　Se le nota
Que a la izquierda se le fue
　　Todo el pie,
¡Pobre Jota patirrota!
Haga usté que no la ve;
Y si le hace un vil chacota,
Reumatismo, callos, gota
　　Dios le dé.

¿Y la Ka? Venga usté acá
¡O a su cama! –¡Otra dama
　　Contrahecha!
El puntal de la derecha
Contra el centro se dobló.
　　¡Qué hago yo
Si la ensarta como flecha!

La L en tanto es ELEgante,
Ve tu escuadra, carpintero
　　¡Labra–palo!
Y, por si una no es bastante,

Dos con la LL te regalo,
Dos escuadras, dos mellizas
Por si la una se hace trizas.

Tras de la LL deme la M,
Mala muela, dulce hamaca.
Cuando es muela, al que le duela
Se le saca;
Cuando hamaca,
Es mi cama, mi butaca
En los climas de candela.

Luego viene doña N
　　Con trabajo,
Que entre dos varillas tiene,
Punta arriba, punta abajo,
Una viga atravesada
　　Como un codo,
Que no cupo de otro modo
　　La malvada.

Y la Ñ es igualita,
Con un pero,
Que salió como a visita
Y se puso su sombrero.

Y la O le dice ¡oh!
Redondita, boquiabierta,
Como suele un majadero
Que de susto, a más no acierta.
　　¿Y qué fue?

P –Que vio el puño de una espada,
Casi, casi espada entera,
¡Gran bobada!
Y esa espada era la P.

¡Y está pálido y convulso!
¡Un reloj, y a ver el pulso!
¡Y naranja, u otra fruta
Para darle a este recluta
Alguna agua de remedio!
–Y ¡jah, jah! que aquella fru...
Y ese cuco es doña Q,
Naranjita
Vaciadita por el bu...
Que en su rama se acurrú...
Dando luz, como el cocú...
Por el medio.

R ¡Cierre, cierre, que la R
Es terrífica alimaña
Que regaña y rabia y grita
sentadita en su banquita
Todo el año...
¡Mas qué miro, lance extremo!
¿Qué porrazo, roza o sierra
La cabeza le llevó?
...¡Nada, lindo! fue un regaño
Que en la tierra comenzó,

Tan violento y furibundo
Que no cupo en este mundo
Y al profundo, en un segundo,
Con lenguaza y trompa y todo
A acabar de regañar
Donde hubiera quien lo oyera
¡Se voló!
Y a las horas en que te hablo
Está el diablo dado al diablo
Con el trueno y el vocablo
Tremebundo, sempiterno
Con que aturde al mismo infierno
Ese coco que gritando
Y saltando y renegando
Por allá se apareció.
Y a toditos los que gritan
Y a los santos ejercitan
Con los monstruos que vomitan
¡Así habré de verlos yo!

S Que echen sapos y culebras
Y demonios hechos hebras
¡Vedlo aquí!
Pues, probando que no miento,
Debajito de su asiento
Este boa, sierpe o víbora
Casualmente descubrí.
Y a ese monstruo llaman S,
Que es el rastro del borracho,
Que haciendo eses sin empacho
Por la calle andando va.
Ojalá se le atraviese
Una ronda que lo aprese
Y ese vicio al fin le pese
Y el escándalo que da.

Y es tan cierto lo que digo
Que me sirve de testigo
El señor tirabuzón
Del coñac o brandy o ron
O aguardiente
Que ese escarnio de la gente
Botó al suelo, cabalmente,
Al pegarse un tropezón,
¿Lo ve usted?
Es la T,
Tiracorchos o tapones,
O una cruz descabezada
Como aquella bruja airada
Que a Luzbel su camarada
Está echándole sermones.
Pero, así como la luna,
Y la tierra, y toda tierra,
Que ninguna al cielo encierra
Y perfecta no hay ninguna,
Pero en cambio, cuando ayuna
De la luz por un costado
Muestra el otro iluminado
Por el sol de la fortuna
Que da vuelta, vuelta, vuelta
Y a uno coge y a otro suelta,
Esa misma horrenda letra
Que al oído nos penetra
Con corneta de regaños
Y redobles de tambor,
¡Vedla en frente, vedla ahora!
Es la niña encantadora,
De más gracias que sus años,
Que postrada de rodillas
Manda súplicas sencillas
Al oído del Señor,
Por su padre, por su madre
Y hermanitos tan queridos
Y por todos los nacidos,

Hijos todos del Gran Padre,
Hijos todos de su amor,
Y, por tanto, hermanos todos:
Aunque en mil diversos modos,
Y en mil lenguas que hay distintas
Y con caras de mil tintas,
Imploremos su favor.

Y esa niña usa la U,
Que usa toda costurera
Y cualquiera
Buena prójima casera
Que no es loca y pendenciera
Y mujer de Belcebú.
¡Upa la U que es el dedal
Que a la casa trae cuartillo
Y remiendo al delantal!
¡Útil dije, que la lengua
Y aun la uña impide y forra
Y no sirve de tornillo
Con estrépito y camorra!
¡Dedal santo que al corrillo
Nunca das que murmurar!
¡La U, pocillo de tomar
Ricos sorbos en pocillo!
¡Herradura de uno errar!
Que al que quiera bien casar
Le señalas dónde atar
Con el grillo de su anillo
¡A una joven ejemplar!

Pero ¡ve! viene la V,
Corazón, corazoncita,
Que por ser un corazón
Es mi letra más querida;
Pues con él se quiere a Dios,
Y a su madre pura y limpia,
Y a los padres que aquí abajo
Representan los de arriba;
Y con él nos quieren ellos,
Y nos manda la doctrina
Querer bien a todo el mundo,
Que no es más que una familia,
Y al que tiene un corazón
de amor lleno y fe divina,
Que ve claro su deber
Y a cumplirlo se dedica,
No hay peligro que lo espante,
Ni tirano que lo oprima,
Ni congoja que lo abrume,
Ni enemigo que lo rinda:
Ni conflictos que lo fuercen
A traiciones o mentiras,
Ni fracasos que empobrezcan
Al que su honra guarda limpia:
Porque sabe que en siguiendo,
Recto siempre, a buena mira,
Su conciencia lo sostiene,
Lo respeta hasta la envidia
Y algún día la fortuna
Vencedor lo glorifica.
Y si muere en la demanda
¿Quién no muere? que me digan,
Sólo en Dios hay vida eterna,
Y sólo esa es gloria, es vida.
¡Viva pues la letra V,
Que es la copa con que brindan
La Virtud, que es Valor santo,
La Verdad, Vanguardia invicta!

La W o doble V
Es la imagen, es la cifra
De casados bien casados,
Corazones enlazados
Sin reserva ni engañifa;
Que uno al otro se sostienen,
Se estimulan y se cuidan,
Y en sus prendas y defectos
Se compensan y equilibran;
Y el marido a su mujer,
Y al marido su costilla,
Mutuamente, cual Dios manda,
Con su amor se santifican.
No se arañan como gatos,
Ni cual pollos se pellizcan,
Ni se ladran como perros,
Ni a los cobros se persignan:
Que, antes bien, en pensamientos
Y deseos se adivinan
Y del mundo y sus porrazos
Querendones se desquitan.
Poco usamos esta letra
En la lengua de Castilla,
Pero Washington ilustre,
De los yanquis el Bolívar,
A quererla y respetarla
Mientras haya mundo, obliga.

Y esa letra representa
Las Américas mellizas
Que en el Istmo colombiano
Se comprenden y unifican;
Y aunque la X, las tijeras
Del gran Lesseps, las divida
Abriendo un río, un canal

Que un mar con el otro liga
Por el cual veremos pronto
Que el mundo entero desfila
Llevando cuanto hay en él
Desde Europa hasta la China:
De Américas Norte y Sur
Una misma es la divina
Igualdad ante las leyes,
Libertad en la justicia,
Tierra y pan a los millones
Que famélicos se apiñan
Donde están como de sobra
Y ni el sol calor les brinda;
Tierra y pan al que trabaje
Y respete en donde viva
El Gobierno que nos damos
Y la Fe que a Dios nos guía.
Entretanto las naciones
Que española sangre anima
Y que un mismo corazón
Y alma y lengua y credo inspiran,
No olvidemos ¡ay! que somos
La mismísima familia
Y que gloria y dicha de uno
Es de todos gloria y dicha.

En la letra Y griega o Ye
Contemplemos nuestra cifra:
Dos iguales, fuertes ramas
que de un tronco se derivan
Y de todas sus virtudes
Y flaquezas participan;
Y que si ese tronco se abre
O enemigos lo derriban,
Ambas ramas caen por tierra
Ante el orbe y su rechifla.

No atraigamos, con ruindades
De política egoísta,
Con escándalos de celos
Y discordias fratricidas
El castigo del Eterno
Que la Z simboliza,
La ígnea Z, el rayo airado
Que a los réprobos fulmina
Y así, al pie del magno tronco
Que hoy nos carga y nos abriga
Y que el hacha de los cielos
Destrozara vengativa,
Nunca escriba ajena historia:
<<Aquí yacen las cenizas
<<De la raza que en el mundo
Otro mundo dio a Castilla.>>
Grande y noble cual ninguna
Reinó un tiempo esta familia,
Pero al fin se suicidó
Olvidada de sí misma.

17

El modelo alfabético

¿Quieres ser hombre completo,
Hombre a prueba de alfabeto?
-Sé Amable, Activo, Aseado,
Bondadoso y Bienhablado.
Claro, más Cauto en Confianzas,
Sordo a Chismes, parco en Chanzas,
Libre en Digna Dependencia
Del Deber y la Conciencia;
Experto en algo Especial,
Franco, Fiel, Firme, Formal,
Grato, Generoso, Humano,
Buen Hijo, esposo y Hermano,
Ejemplo a la Ingenua Infancia;
Justo, Jovial, sin Jactancia;
Gentil en serios hechizos,
No en modas, polKas y rizos;
Leal a la Ley, Laborioso,

Modesto, no Malicioso,
Natural, Noble en tu modo;
Con Orden y Objeto en todo.
Paciente y Perseverante
(Primer Prenda del triunfante);
Patriota, Puro y Pacífico;
Puntual, no en Parla Profílico
Ni Quijote o Quejumbroso.
Sé realmente Religioso
Sin Superstición Salvaje,
Sobrio en juicio, en boca, en Traje;
Servicial muy Tolerante,
Util, Veraz, Vigilante,
Valiente, no Vengativo,
Ni un Yo-ísta repulsivo.
Sé eXacto como un reloX,
Nunca Zángano, ni Zafio;
Sé otro Washington, si hay dos;
Y haZ que diga tu epitafio
Honró a Padres, Patria y DIOS.

El gato bandido

Michín dijo a su mamá:
«Voy a volverme Pateta»…

Michín dijo a su mamá:
«Voy a volverme Pateta,
«Y el que a impedirlo se meta
«En el acto morirá.
«Ya le he robado a papá
«Daga y pistolas; ya estoy
«Armado y listo; y me voy
«A robar y a matar gente,
«Y nunca más (¡ten presente!)
«Verás a Michín desde hoy».

Yéndose al monte, encontró
A un gallo por el camino,
Y dijo: «A ver qué tal tino
«Para matar tengo yo».
Puesto en facha disparó,
Retumba el monte al estallo,
Michín maltrátase el callo
Y se chamusca el bigote;
Pero tronchado el cogote,
Cayó de redondo el gallo.

Luego a robar se encarama,
Tentado de la gazuza,
El nido de una lechuza
Que en furia al verlo se inflama.
Mas se le rompe la rama,
Vuelan chambergo y puñal,
Y al son de silba infernal
Que taladra los oídos
Cae dando vueltas y aullidos
El prófugo criminal.

Repuesto de su caída
Ve otro gato, y da el asalto.
«¡Tocayito, haga usted alto!
«¡Déme la bolsa o la vida!»
El otro no se intimida
Y antes grita: «¡Alto el ladrón!»
Tira el pillo, hace explosión
El arma por la culata
Y casi se desbarata
Michín de la contusión.

Topando armado otro día
A un perro gran bandolero,
Se le acercó el marrullero
Con cariño y cortesía:
«Camarada, le decía,
«Celebremos nuestra alianza»;
Y así fue: diéronse chanza,
Baile y brandy, hasta que al fin
Cayó rendido Michín
Y se rascaba la panza.

«Compañero, dijo el perro,
«Debemos juntar caudales
«Y asegurar los reales
«Haciéndoles un entierro».
Hubo al contar cierto yerro
Y grita y gresca se armó,
Hasta que el perro empuñó
A dos manos el garrote:
Zumba, cae, y el amigote
Medio muerto se tendió.

Con la fresca matinal
Michín recobró el sentido
Y se halló manco, impedido
Tuerto, hambriento
y sin un real.
Y en tanto que su rival
Va ladrando a carcajadas
Con orejas agachadas
Y con el rabo entre piernas,
Michín llora en voces tiernas
Todas sus barrabasadas.

Recoge su sombrerito,
Y bajo un sol que lo abrasa,
Paso a paso
vuelve a casa
Con aire humilde y contrito.
«Confieso mi gran delito
«Y purgarlo es menester,
«Dice a la madre; has de ver
«Que nunca más seré malo,
«¡Oh mamita! dame palo
«¡Pero dame qué comer!»

El niño, y la mariposa

El niño —Mariposa,
Vagarosa
Rica en tinte y en donaire,
¿Qué haces tú de rosa en rosa?
¿De qué vives en el aire?

La mariposa —Yo, de flores
Y de olores,
Y de espumas de la fuente,
Y del sol resplandeciente
Que me viste de colores.

El niño —¿Me regalas
Tus dos alas?
¡Son tan lindas! ¡Te las pido!
Deja que orne mi vestido
Con la pompa de tus galas.

30

La mariposa —Tú, niñito
Tan bonito,
Tú que tienes tanto traje,
¿Por qué envidias mi ropaje
Que me ha dado Dios bendito?

¿De qué alitas
Necesitas
Si no vuelas cual yo vuelo?
¿Qué me resta bajo el cielo
Si mi todo me lo quitas?

Días sin cuento
De contento
El señor a ti te envía;
Mas mi vida es un solo día,
No me lo hagas de tormento.

¿Te divierte
Dar la muerte
A una pobre mariposa?
¡Ay! Quizás sobre una rosa
Me hallarás muy pronto inerte.

—Oyó el niño
Con cariño
Esta queja de amargura,
Y una gota de miel pura
Le ofreció con dulce guiño.

Ella, ansiosa,
Vuela y posa
En su palma sonrosada,
Y allí mismo, ya saciada,
Y de gozo temblorosa,
Expiró la mariposa.

El pardillo

Este era el lindo pardillo
tan manso como galán…

Este era el lindo pardillo
Tan manso como galán.
Dulcísimo pajarillo
Que con tierno cantarcillo
Pedía migajas de pan.

Esta es la pérfida gata,
Insensible, atroz, ingrata,
Que al pechirrojo embistió
Y las uñas le clavó
Y casi lo desbarata.

Este es el mastín valiente
Que saltando noblemente
Sobre esa gata verdugo,
Libertó del fiero yugo
Al pajarillo inocente.

Y este es el leñador
Que vuelve de su labor
Hacha al hombro y leña al brazo,
Y a dar al amo un abrazo
Corre el mastín salvador.

Y esta es la niña bonita
Que va con su canastita
A encontrar a su papá
Llevándole una cosita
Que el viejo saboreará.

Y esta es la limpia cabaña
Con flores y árboles bella
Y un torrente que la baña,
Donde vive la doncella
Y el viejo que la acompaña.

Y este es el cuarto sencillo
De dormir y de coser,
Y a donde viene el pardillo
A repetir su estribillo
Pidiendo algo qué comer.

¿Y en qué paró aquel cantar?
–¡Ay! en llegando al hogar
La niña, el viejo y el perro,
Tuvieron que hacerle entierro
Con lágrimas de pesar.

El renacuajo paseador

*El hijo de Rana,
Rinrín Renacuajo,
salió esta mañana...*

El hijo de Rana, Rinrín Renacuajo,
salió esta mañana muy tieso y muy majo
Con pantalón corto, corbata a la moda,
Sombrero encintado y chupa de boda.
«¡Muchacho, no salgas!» le grita mamá,
Pero él le hace un gesto y orondo se va.

Halló en el camino a un ratón vecino,
Y le dijo: «¡Amigo! venga usted conmigo,
«Visitemos juntos a doña Ratona
«Y habrá francachela y habrá comilona».

A poco llegaron, y avanza Ratón,
Estírase el cuello, coge el aldabón.
Da dos o tres goles, preguntan: «¿Quién es?»
«–Yo, doña Ratona, beso a usted los pies».
« ¿Está usted en casa?» «–Si, señor, sí estoy;
«Y celebro mucho ver a ustedes hoy;
«Estaba en mi oficio, hilando algodón,
«Pero eso no importa; bienvenidos son».

Se hicieron la venia, se dieron la mano,
Y dice Ratico que es más veterano:
«Mi amigo el de verde rabia de calor,
«Démele cerveza, hágame el favor».

Y en tanto que el pillo consume la jarra
Mandó la señora traer la guitarra
Y a Renacuajito le pide que cante
Versitos alegres, tonada elegante.

«–¡Ay! de mil amores lo hiciera, señora,
«Pero es imposible darle gusto ahora,
«Que tengo el gaznate más seco que estopa
«Y me aprieta mucho esta nueva ropa».

«–Lo siento infinito, responde tía Rata,
«Aflójese un poco chaleco y corbata,
«Y yo mientras tanto les voy a cantar
«Una cancioncita muy particular».

Mas estando en esta brillante función
De baile y cerveza, guitarra y canción,
La Gata y sus Gatos salvan el umbral,
Y vuélvese aquello el juicio final.

Doña Gata vieja trinchó por la oreja
Al niño Ratico maullándole: «Hola»
Y los niños Gatos a la vieja Rata
Uno por la pata y otro por la cola.

Don Renacuajito mirando este asalto
Tomó su sombrero, dio un tremendo salto,
Y abriendo la puerta con mano y narices,
Se fue dando a todos «noches muy felices».

Y siguió saltando tan alto y aprisa,
Que perdió el sombrero, rasgó la camisa,
Se coló en la boca de un pato tragón
Y éste se lo embucha de un solo estirón.

Y así concluyeron, uno, dos y tres,
Ratón y Ratona, y el Rana después;
Los gatos comieron y el Pato cenó,
¡Y mamá Ranita solita quedó!

50

El rey borrico

La animalía reunida eligió un día por soberano a un burro de alquería...

La animalía reunida eligió un día
por soberano a un burro de alquería,
y el Rey Borrico inauguró su mando
con el rebuzno del siguiente bando:

«Óyeme, Falderí», dijo al Faldero,
«sé por hoy mi ordenanza o mensajero;
«ponte la gorra en el instante, y sales
«a llamar a los otros animales.

«Tengo un plan vasto, original y serio
«en pro del auge y gloria de mi imperio,
«y quiero que lo escuchen de mi boca
«que por órgano tuyo los convoca».

El Rey fue obedecido, y al concurso
rebuznó majestuoso este discurso:
«¡Fieles vasallos! mucho me intereso
«en hacer mi reinado el del progreso.

«Hasta ayer vuestros déspotas reales
«han sido unos solemnes animales
«pero desde esta fecha se acabaron
«la ignorancia y resabios que dejaron.

«El Gato, desde hoy en adelante, queda
«sirviendo de Mastín; que este le ceda
«su ancho collar, y encárguese el galfarro
«de aliviar al Rocín tirando el carro.

«Déjese el micho de cazar ratones;
«que ladre y no maúlle a los ladrones,
«y ya que trasnochar le gusta tanto
«vele ojo alerta y muerda sin espanto.

«El Mastín a su turno, que relinche;
«¡cuidado! no atarace al que lo linche;
«y si le prenden el arado al pecho,
«esmérese tirando muy derecho.

«Al Gallo incumbe reemplazar al Gato,
«disfrutará el ratón de mejor trato;
«y si el Gallo no maya, es mi deseo
«que en oliendo ratón dé un cacareo.

«En cuanto a ti, Faldero, bien te estimo,
«pero con tanto beso y tanto mimo,
«te han vuelto flojo y lindo y casquivano,
«por lo cual te degrado hasta Marrano.

«Márchate a la pocilga, no más faldas;
«cubran de ásperas setas tus espaldas;
«y engorda, para honor del mayordomo,
«que hará de ti un magnífico solomo.

«Venga a servir el Puerco tu destino,
«pero primero lávese el cochino,
«y que aprenda a latir del ex-Faldero,
«pues eso de gruñir es muy grosero.

«Tocante a mí, señores, es muy justo

«que alguna vez me huelgue y me dé gusto,

«por lo cual os traspaso y os regalo

«cuanto me quieran dar de azote y palo.

«La dignidad del cetro no permite

«que otro me monte y que me albarde y grite,

«tratarme como a un asno es desacato,

«y en tal virtud renuncio al asnalato.

«Seguiré rebuznando, es muy posible,

«mas ¿eso qué tendrá de incompatible?

«¿Acaso no rebuznan en sus leyes

«Presidentes y Cámaras y Reyes?...»

....

Iba aquí la oración de la Corona
cuando entró de improviso la fregona
y repartiendo escoba por el viento
disolvió irreverente el Parlamento.

El tambor monstruo

(Apólogo oriental)

Dijo un rey cierta vez:
«Quiero que me hagan
un tambor sin igual,
que hasta diez leguas
se haga escuchar...

Dijo un rey cierta vez: «Quiero que me hagan
un tambor sin igual, que hasta diez leguas
se haga escuchar, estremeciendo el viento.
¿No habrá quién lo fabrique?» Y sus ministros
«nosotros no podemos», contestaron.
«Yo sí», dijo Kandú, patriota insigne,
que entraba en ese instante; «pero advierto
«que costará un sentido el fabricarlo».

«¡Bravo!», repuso el rey, «no importa el costo».
Y abrió a Kandú sus arcas, y en sus manos
puso cuantos tesoros encerraba.
Kandú a las puertas del palacio al punto
todas aquellas joyas y metales
hizo llevar, y por solemne bando
de un extremo a otro extremo del imperio
esta proclama publicó: «¡Vasallos!
«su Majestad el rey, cuyas bondades
«las de los dioses mismos rivalizan,

«quiere desplegar hoy todo su afecto,
«toda su compasión por la desgracia;
«y del palacio manda que a las puertas
«todos los siervos míseros ocurran».
Pronto empezaron a llegar los pobres
del reino entero, un saco a las espaldas,
y en la mano un bordón; turba andrajosa
que los pueblos del tránsito invadía
y hacia la capital hormigueaba.

Pasado un año el soberano dijo:
«¿Qué hay del tambor?» «Ya está», Kandú repuso.
«¿Cómo ya está, si nadie lo ha escuchado?»
«Señor», replicó aquel: «dígnese pronto
«vuestra Real Majestad dar una vuelta
«por todos sus dominios, y hasta el último
«recóndito lugar oirá los toques
«del gran tambor, que aun fuera del imperio,
«de nación en nación van resonando».

Listo el carro del rey, al sol siguiente
púsose en marcha, y viendo con delicia
que a todas partes se agolpaba el pueblo
con furia y entusiasmo a recibirlo,
«¿qué es esto?», preguntó; «¿de dónde viene
«tanto cariño y muchedumbre tanta?»
«Señor», Kandú le respondió; «ya un año
«hace que me ordenásteis construyese
«un tambor que a diez leguas de distancia

«se hiciera oír. Pensé que un pergamino
«nunca pudiera difundir muy lejos
«de vuestros beneficios el aplauso;
«por lo cual los tesoros que pusisteis
«a mi disposición, en buenas obras,
«en víveres y ropas y remedios
«me di prisa a invertir, para socorro

«de los más infelices del imperio.
«Les hice un llamamiento en vuestro nombre
«y acudieron ansiosos a la puerta
«de los consuelos, como hambrientos hijos
«al seno de la madre generosa.

«Hoy pues os lo agradecen, y sus voces
«de reconocimiento, dondequiera
«que os presentéis, resonarán, y alcanzan
«donde ningún tambor llegará nunca;

«porque las buenas obras son las madres
«del aplauso legítimo, y sus ecos
«en cielo y tierra eternamente vibran».

Juaco el ballenero

Yo soy Juaco el ballenero
Que hace veinte años me fui
A pescar ballenas gordas
A dos mil lenguas de aquí.

Enorme como una iglesia
Una por fin se asomó,
Y el capitán dijo: "¡Arriba¡
"Esa es la que quiero yo".

Al agua va el capitán
Con su piquete y su arpón,
Lavándose antes los ojos
Con unos tragos de ron.

Al verlo alzar la botella
Se consumió el animal,
Y dieron vueltas y vueltas
Sin encontrar ni señal.

Cuando de repente ¡zas!
Da el pescado un sacudón
Y barco y gente salieron
Como bola de cañón.

La luna estaba de cuernos
Y hasta allá fueron a dar.
Y como jamás han vuelto
Debiéronse de quedar.

Cuando vayas a la luna
Busca a mi buen capitán
Con su nariz de tomate
Y su barba de azafrán.

Dile que este pobre Juaco
No lo ha podido ir a ver
Porque no sabe el camino
Ni tiene un pan que comer.

Y si viene un correo
De la luna para acá,
Mándame una limosnita
Que Dios te la pagará.

Juan Chunguero

*Era Juan Chunguero
insigne gaitero…*

Era Juan Chunguero insigne gaitero
Con la misma gaita que fue de su taita,
Y aunque un aire sólo trinaba este Apolo,
Furibundo estrépito formaba con él.

Y muchas parejas, y aun viejos y viejas,
Bailaban en tanto con risa y con canto,
Y de ellos no pocos resultaron locos
Por arte diabólica del músico aquel.

La abuela Tomasa volviendo a su casa
Bailó una cachucha, tan ágil, tan ducha,
Que vieja y canasto se hicieron emplasto
Y tortilla espléndida de huevos con pan.

Dicen que un cordero salió maromero
Y montó en un lobo que andaba hecho
/un bobo.
Y que aquella vaca que ordeñaba Paca
Armó con el cántaro una de «¡San Juan!»

Iba en su camino sudando un pollino
Y dándole palo su enemigo malo,
Mas oyó al gaitero y ¡adiós del arriero!
Y ¡adiós carga y látigo, cabestro y cinchón!

Pero no hubo gloria en toda esta historia
Como la de aquella Pastorcita bella
Viendo ya encolada toda su manada
Valsando alegrísima de la gaita al son.

Y al ver a Pastora aquel Juan Chunguero,
Y oyendo a Chunguero la linda Pastora,
Él se hizo Pastor; gaitera, Pastora,
Y él su corderito y ella su cordero.

La pobre viejecita

Érase una viejecita…

Érase una viejecita
Sin nadita qué comer
Sino carnes, frutas, dulces,
Tortas, huevos, pan y pez.

Bebía caldo, chocolate,
Leche, vino, té y café,
Y la pobre no encontraba
Qué comer ni qué beber.

Y esta vieja no tenía
Ni un ranchito en qué vivir
Fuera de una casa grande
Con su huerta y su jardín.

Nadie, nadie la cuidaba
Sino Andrés y Juan y Gil
Y ocho criadas y dos pajes
De librea y corbatín.

Nunca tuvo en qué sentarse
Sino sillas y sofás
Con banquitos y cojines
Y resorte al espaldar.

Ni otra cama que una grande
Más dorada que un altar,
Con colchón de blanda pluma,
Mucha seda y mucho holán.

Y esta pobre viejecita
Cada año hasta su fin,
Tuvo un año más de vieja
Y uno menos qué vivir.

Y al mirarse en el espejo
La espantaba siempre allí
Otra vieja de antiparras,
Papalina y peluquín.

Y esta pobre viejecita
No tenía qué vestir
Sino trajes de mil cortes
Y de telas mil y mil.

Y a no ser por sus zapatos,
Chanclas, botas y escarpín,
Descalcita por el suelo
Anduviera la infeliz.

Apetito nunca tuvo
Acabando de comer,
Ni gozó salud completa
Cuando no se hallaba bien.

Se murió de mal de arrugas,
Ya encorvada como un 3,
Y jamás volvió a quejarse
Ni de hambre ni de sed.

Y esta pobre viejecita
Al morir no dejó más
Que onzas, joyas, tierras, casas,
Ocho gatos y un turpial.

Duerma en paz, y Dios permita
Que logremos disfrutar
Las pobrezas de esa pobre
Y morir del mismo mal.

Mirringa Mirronga

Mirringa Mirronga, la gata candonga,
va a dar un convite jugando escondite…

Mirringa Mirronga, la gata candonga,
Va a dar un convite jugando escondite,
Y quiere que todos los gatos y gatas
No almuercen ratones ni cenen con ratas.

«A ver mis anteojos, y pluma y tintero,
«Y vamos poniendo las cartas primero.
«Que vengan las Fuñas y las Fanfurriñas,
«Y Ñoño y Marroño y Tompo y sus niñas.

«Ahora veamos qué tal de alacena.
«Hay pollo y pescado, ¡la cosa está buena!
«Y hay tortas y pollos y carnes sin grasa.
«¡Que amable señora la dueña de casa!

«Venid mis michitos Mirrín y Mirrón
«Id volando al cuarto de mama Fogón
«Por ocho escudillas y cuatro bandejas
«Que no estén rajadas, ni rotas ni viejas.

«Venid mis michitos Mirrón y Mirrín
«Traed la canasta y el dindirindín,
«¡Y zape, al mercado! que faltan lechugas
«Y nabos y coles y arroz y tortuga.

«Decid a mi amita que tengo visita,
«Que no venga a verme, no sea que se enferme;
«Que mañana mismo devuelvo sus platos,
«Que agradezco mucho y están muy baratos.

«¡Cuidado, patitas, si el suelo me embarran!
«¡Que quiten el polvo, que frieguen, que barran!
«¡Las flores, la mesa, la sopa!... ¡Tilín!
«Ya llega la gente. ¡Jesús, que trajín!»

Llegaron en coche ya entrada la noche
Señores y damas, con muchas zalemas,
En grande uniforme, de cola y de guante,
Con cuellos muy tiesos y frac elegante.

Al cerrar la puerta Mirriña la tuerta
En una cabriola se mordió la cola,
Mas olió el tocino y dijo «¡Miaao!
«¡Este es un banquete de pípiripao!»

Con muy buenos modos sentáronse todos,
Tomaron la sopa y alzaron la copa;
El pescado frito estaba exquisito
Y el pavo sin hueso era un embeleso.

De todo les brinda Mirringa Mirronga:
«–¿Le sirvo pechuga?» –«Como usted disponga;
«Y yo a usted pescado, ¿qué está delicado?»
«–Pues tanto le peta, no gaste etiqueta:

«Repita sin miedo».–Y él dice: «Concedo»;
Mas ¡ay! que una espina se le atasca indina,
Y Ñoña la hermosa que es habilidosa
Metiéndole el fuelle le dice «¡Resuelle!»

Mirriña la cuca le golpeó en la nuca
Y pasó al instante la espina del diantre,
Sirvieron los postres y luego el café,
Y empezó la danza bailando un minué.

Hubo vals, lanceros y polka y mazurka,
Y Tompo que estaba con máxima turca,
Enreda en las uñas el traje de Ñoña
Y ambos van al suelo y ella se desmoña.

Maullaron de risa todos los danzantes
Y siguió el jaleo más alegre que antes,
Y gritó Mirringa «¡Ya cerré la puerta!
«¡Mientras no amanezca, ninguno deserta!»
Pero ¡qué desgracia! entró doña Engracia
Y armó un gatuperio un poquito serio
Dándoles chorizo del tío Pegadizo
Para que hagan cenas con tortas ajenas.

Pastorcita

Pastorcita perdió sus ovejas
¡y quien sabe por dónde andarán!…

Pastorcita perdió sus ovejas
¡Y quién sabe por dónde andarán!

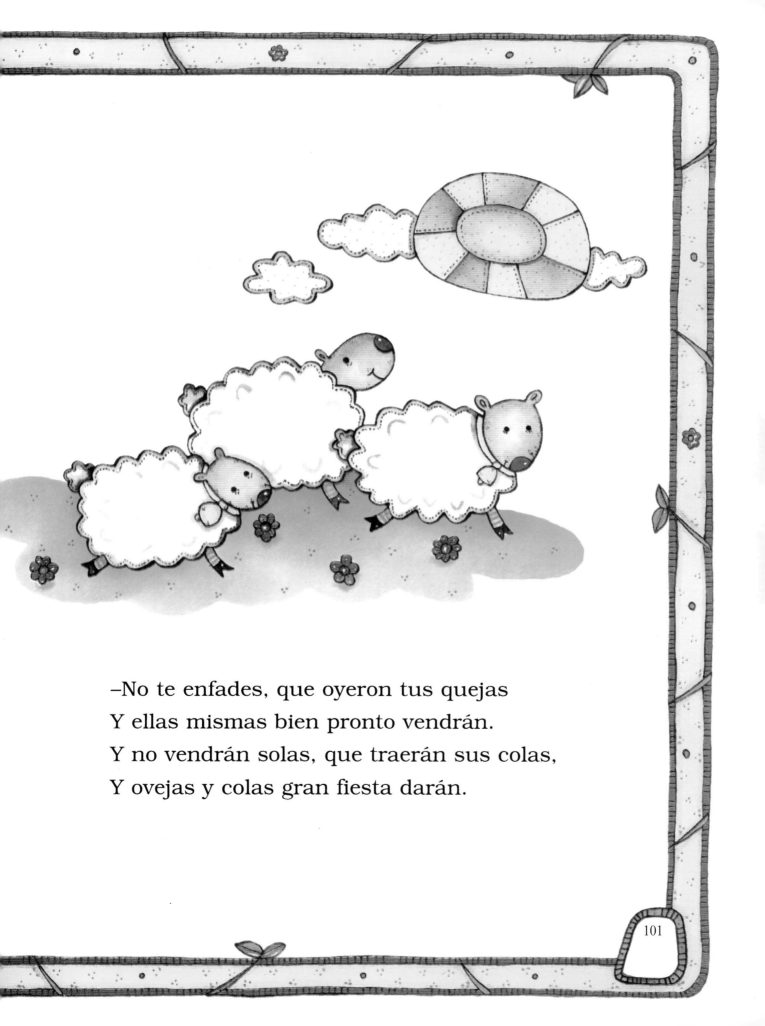

–No te enfades, que oyeron tus quejas
Y ellas mismas bien pronto vendrán.
Y no vendrán solas, que traerán sus colas,
Y ovejas y colas gran fiesta darán.

Pastorcita se queda dormida,

Y soñando las oye balar;

Se despierta y las llama en seguida,

Y engañada se tiende a llorar

No llores, Pastora, que niña que llora

Bien pronto la oímos reír y cantar.

Levantóse contenta, esperando
Que ha de verlas bien presto quizás;
Y las vio; mas dio un grito observando
Que dejaron las colas detrás.
¡Ay mis ovejitas! ¡Pobres raboncitas!
¿Dónde están mis colas? ¿No las veré más?

Pero andando con todo el rebaño
Otro grito una tarde soltó,
Cuando un gajo de un viejo castaño
Cargadito de colas halló.

Secándose al viento, dos, tres,

/hasta ciento,

¡Allí una tras otra colgadas las vio!

Dio un suspiro y un golpe en la frente,

Y ensayó cuanto pudo inventar,

Miel, costura, variado ingrediente,

Para tanto robón remendar;

Buscó la colita de cada ovejita

Y al verlas como antes se puso a bailar.

Simón el bobito

Simón el bobito llamó al pastelero:
«¡A ver los pasteles!
¡los quiero probar!»…

Simón el Bobito llamó al pastelero:
«¡A ver los pasteles! ¡los quiero probar!»
«–Sí, repuso el otro, pero antes yo quiero
«Ver ese cuartillo con que has de pagar».

Buscó en los bolsillos el buen Simoncito
Y dijo: «¡De veras! no tengo ni unito».

A Simón Bobito le gusta el pescado

Y quiere volverse también pescador,

Y pasa las horas sentado, sentado,

Pescando en el balde de mamá Leonor.

Hizo Simoncito un pastel de nieve

Y a asar en las brasas hambriento lo echó,

Pero el pastelito se deshizo en breve,

Y apagó las brasas y nada comió.

Simón vio unos cardos cargando ciruelas

Y dijo: «–¡Qué bueno! Las voy a coger».

Pero peor que agujas y puntas de espuelas

Le hicieron brincar y silbar y morder.

Se lavó con negro de embolar zapatos,

Porque su mamita no le dio jabón,

Y cuando cazaban ratones los gatos

Espantaba al gato gritando: ¡ratón!

Ordeñando un día la vaca pintada
Le apretó la cola en vez del pezón;
¡Y aquí de la vaca! Le dio tal patada
Que como un trompito bailó don Simón.

Y cayó montado sobre la ternera;
Y doña ternera se enojó también,
Y ahí va otro brinco y otra pateadera
Y dos revolcadas en un santiamén.

Se montó en un burro que halló en el
/mercado
Y a cazar venados alegre partió,
Voló por las calles sin ver un venado,
Rodó por las piedras y el asno se huyó.

A comprar un lomo lo envió taita Lucio,
Y él lo trajo a casa con gran precaución
Colgado del rabo de un caballo rucio
Para que llegase limpio y sabrosón.

Empezando apenas a cuajarse el hielo
Simón el Bobito se fue a patinar,
Cuando de repente se le rompe el suelo
Y grita: «¡Me ahogo! ¡Vénganme a sacar!»

Trepándose a un árbol a robarse un nido,
La pobre casita de un mirlo cantor...
Desgájase el árbol, Simón da un chillido,
Y cayó en un pozo de pésimo olor.

Ve un pato, le apunta, descarga el trabuco,
Y volviendo a casa le dijo a papá:
«Taita, yo no puedo matar pajaruco
Porque cuando tiro se espanta y se va».

Viendo una salsera llena de mostaza,
Se tomó un buen trago creyéndola miel,
Y estuvo rabiando y echando babaza
Con tamaña lengua y ojos de clavel.

Vio un montón de tierra que estorbaba el paso,
Y unos preguntaban: «–Qué haremos aquí?»
«–¡Bobos!, dijo el niño, resolviendo el caso;
Que abran un gran hoyo y la echen allí».

Lo enviaron por agua y él fue volandito
Llevando el cedazo para echarla en él:
Así que la traiga el buen Simoncito
Seguirá su historia pintoresca y fiel.

Una visita larga

**Estaba doña Perra
en vísperas de parto,
y sin covacha en donde
salir de su cuidado...**

Estaba doña Perra
en vísperas de parto,
y sin covacha en donde
salir de su cuidado.
En tal punto acuérdase
de una íntima de antaño,
perra de muy buen genio
y dueña de un buen cuarto.
Diole unos tantos besos
y otros tantos abrazos,
y haciéndole mil mimos
de orejas y de rabo,

«amiga de mi vida»,
le dijo al fin, ladrando,
«¡qué dicha siento en verla
«después de tantos años
«y está qué buena moza,
«mejor que nunca ha estado;
«el tiempo en su hermosura
«no deja ningún rastro.
«Ya que la encuentro, sepa
«que hoy no me le separo,
«que los buenos amigos
«son el mejor hallazgo.
«Si usted no está de prisa
«entremos a su cuarto,
«y cuénteme su vida
«que me interesa tanto...»

En estas y las otras
la dueña se distrajo,
y sobrevino súbito
el gran conflicto, el parto.

Ella fue comadrona,
criada y boticario,
y madrina de todos
los seis desembuchados.
Ella hizo las expensas,
ella cocinó el caldo,

y, en fin hallando estrecha
su casa para tantos,
dijo a la amiga: «Amiga,
«estamos apretados;
«quédese aquí unos días,
«yo vagaré entretanto».
Pasados quince o veinte
volvió a pedir su cuarto,
mas la recién parida
pidióle un corto plazo.
«¡Comadre generosa,
«prolóngueme su amparo,
«haga el favor completo!
«Dentro de veinte, salgo.
«Me temo todavía
«coger un resfriado,
«y estas criaturas tiernas
«aún no saben dar paso».

La hospitalaria amiga
accede a ruego tanto;
vuelve a los veinte, y la otra
vuelve al cantar pasado:
«Comadre de mi vida,
«¡el tiempo está tan malo!
«¡Deme otro plazo, el último!
«¡mire!... ¡oiga!... ¡hágase cargo!»

La dueña vio a la postre
que esto rayaba en chasco.
Y le enseñó el colmillo
gruñendo: «¡Afuera! ¡vamos!»
¡Ah! ¡quién tal dijo! al punto
la otra se armó de un salto,
y desplegando al frente
seis cachorros tamaños,

«¡Échenos el que pueda!»
ladró con gesto de amo,
y la infeliz patrona
marchóse rezongando.

Hay pues entre los perros
anexionistas galgos
que juegan la de Walker
al centroamericano.

Un banquete de chupete

Oros y copas, bastos y espadas.
Aquellas pintas endomingadas
que para ruina de hijos y yernos
traen las cartas de los infiernos...

Oros y copas, bastos y espadas.
Aquellas pintas endomingadas
que para ruina de hijos y yernos
traen las *cartas* de los infiernos.

Cuando a Inglaterra las mandó España
el rey les dijo: «¡Fuera, cizaña!»
pero el Demonio, docto en diabluras,
cambió sus nombres y sus figuras;

De las espadas hizo *azadones*,
mudó las copas en *corazones*,
dejó los bastos *palos* como antes
y de los oros sacó *diamantes*.

Luzbel, antiguo contrabandista,
con esta treta dio chasco al Vista;
metió los naipes en Inglaterra,
y desde entonces... ¡ay!, pobre tierra.

Pues bien: la Reina de corazones
hizo unas tortas y unos turrones,
y envió a la Sota con un paquete
de invitaciones para el banquete.

Pero don Sota, gran tragaldabas,
dijo: «¿Banquete? pronto te acabas».

Fue a la despensa, se engulló todo
e hizo el mandado medio beodo.

Las seis sonaban cuando en estrados
ya estaban todos los convidados,
y el Maestresala, con voz de fiesta,
dijo: «¡A la carga, la mesa puesta!»

Reyes y Reinas marchan por pares
a confortarse con los manjares
porque, aunque Reyes, daban bostezos
y estaban largos tantos pescuezos.

En el camino les huele a flores;
nada de ajiaco u otros valores;
llegan, ¿y qué hallan?... Mucho florero,
platos, cuchillos, mantel y... ¡*cero*!

Alzan las tapas; dan una ojeada
por las despensas... –Idem: ¡no hay *nada*!
La Reina al punto cae de un vahído,
y empuña el sable su real marido.

«¡Señor!», dijeron todos los otros,
«no haga un escándalo por nosotros.
«Hambre tenemos; mas, Dios mediante,
«con agua que haya será bastante».

«¡Qué, qué! ¿con agua?», dijo el Monarca.
«¡Yo me tragara a Noé y su arca!
«¡Formad al frente, viles, sirvientes,
«y vamos viendo lenguas y dientes».

Dio en el busilis: cayó la Sota
por ciertas miajas que el Rey le nota;
úrdele embustes en tal conflicto,
mas Tragatortas quedó convicto.

«¡Un hacha, un cuerno!», gritó el Monarca.
«¡Venga el verdugo, venga la Parca!»...
La Reina al grito volvió en cabales
¡Ay! preguntando por sus *tamales*.

Así que supo lo acontecido,
imploró gracia para el bandido,
y aquel repuso: «Bien, no haya muerte,
«mas no te libras de un baño, y fuerte».

Fue dicho y hecho. Los invitados
buscaron luego café o helados;
mas ya en tres leguas a la redonda
no estaba abierta ninguna fonda.

El egoísta afortunado

**Viajando Luis con Justino,
un gran bolsón de dinero
topáronse en el camino...**

Viajando Luis con Justino,
un gran bolsón de dinero
topáronse en el camino.

Alzólo Luis muy ligero,
y el otro habló: «¡Nos aviamos!
«Estamos bien, compañero».

«*Estoy*, no digas *estamos*»,
repuso Luis con un gesto
de no esperes que partamos.

Y lo guardó. Mas en esto
asomaron dos bandidos
intimándoles arresto.

«¡Ayuda! ¡o somos perdidos!»,
clamó Luis con tanta boca
y ojazos despavoridos.

«No, amigo, usted se equivoca»,
le replicó el camarada,
«diga *soy*, que a usted le toca».

Y como sierva espantada
libróse de los bergantes,
y el Luis quedó en la estacada.

Con lo cual, en dos instantes,
se halló cual vino a la cuna,
más limpio y mísero que antes.

El que en la buena fortuna
con otros no parte astilla,
pida socorro a la luna,
al volverse la tortilla.

El niño y el buey

El niño –¿En qué piensas todo el día tendido sobre la yerba? parécesme un gran doctor...

El niño –¿En qué piensas todo el día
tendido sobre la yerba?
parécesme un gran doctor
embelesado en su ciencia.

El buey –La ciencia, niño querido
no es lo que a mí me alimenta;
esa es fruta del estudio,
con que Dios al hombre obsequia.

Fuera el pensar para mí,
pobre animal, ardua empresa;
prefiero hacer treinta surcos
antes que aprender dos letras.

Mascar bien, me importa más
que una lección en la escuela.
Con las muelas masco yo,
tú, niño, con la cabeza.

Pero si anhelas ser sabio
ojalá viéndome aprendas
a rumiar, y rumiar mucho,
cada bocado de ciencia.

El digerir, no el comer,
es lo que al cuerpo aprovecha,
y el alma, cuerpo invisible,
tiene que seguir tal regla.

Sin rumiarlo bien, no engullas
ni una línea ni una letra;
el que aprende como un loro,
loro ignorante se queda.

El robanidos

Los pajarillos robados
penan mucho y mueren luego,
y es un crimen que a los bosques
de tanto cantor privemos...

Los pajarillos robados
penan mucho y mueren luego,
y es un crimen que a los bosques
de tanto cantor privemos
de tanto trino y murmullo,
alegría de los vientos,
niños del fresco arbolado,
serenatas de los cielos.

140

Robóse Macario un nido,
con cuatro implumes polluelos,
y llevóselo a su casa
dando brincos de contento;
mas ¡ay! esa misma noche
se los comió el gato negro,
y él puso el grito en las nubes
de angustia y cólera lleno.

–¡Cállate! –la madre díjole–;
¿Por qué tales aspavientos
si el gato no hizo otra cosa
que lo que te ha visto haciendo?
Y antes más cruel tú fuiste
que ese irracional, respecto
a los inocentes padres
de esos pajarillos tiernos.

Por tu propio dolor juzga
del dolor y del despecho
de su madre, que irá loca
buscándolos y gimiendo.

Cada dolor que causamos
justo es que se vuelva nuestro,
nadie debe divertirse
con los dolores ajenos.

Juan Matachín

¡Mírenle la estampa!
Parece un ratón
que han cogido en trampa
con ese morrión...

Mírenle la estampa!
Parece un ratón
que han cogido en trampa
con ese morrión.

Fusil, cartuchera,
tambor y morral,
tiene cuanto quiera
nuestro general.

Las moscas se espantan
así que lo ven,
y él mismo al mirarse
se asusta también.

Y a todos advierte
con lengua y clarín
«¡Ay de aquel que insulte
«a Juan Matachín!»

Perico zanquituerto

Perico Zanquituerto
se huyó con un dedal
y su abuelita Marta
no lo pudo alcanzar...

Perico Zanquituerto
se huyó con un dedal
y su abuelita Marta
no lo pudo alcanzar.

Él corre como un perro
y ella como un costal,
y apenas con la vista
persigue al perillán.

Bien pronto se tropieza,
da media vuelta y cae,
y ella le dijo: «Toma
«¿Quién te mandó a robar?»

Con un palo a dos manos
lo iba alcanzando ya
cuando siguió Perico
corriendo más y más.

De un cubo de hojalata
hizo luego un tambor,
de un huso viejo, espada,
y del dedal, chacó;

y al verse hecho un soldado
exclama: «¡Caracol!
«ni un escuadrón de abuelas
«me hará temblar desde hoy».

Un ganso en ese instante
el pescuezo estiró
diciéndole: «¡Amigote!
«¿Qué tal? clí, clí, cló, cló».

Ahí se echó de espaldas
el vándalo feroz
clamando: «¡Auxilio, auxilio!
«¡Que me traga este león!»

Otras
fábulas

El búho y el palomo

Érase un búho, dechado
de egoísmo el más perfecto,
de todos siempre esquivado,
cual si diera resfriado
su agrio, antipático aspecto.

«¿Por qué me aborrecerán?»
dijo irritado y confuso
a un palomito galán.
«Por culpa tuya», él repuso:
«Ama, ¡oh búho! y te amarán».

El ciego

En una noche muy oscura
iba un ciego con una linterna en la mano,
y alguien pasa y murmura:
«¡Vaya un tonto! ¿de qué le sirve eso, paisano?»
Y respóndele: «Amigo,
«para que otro más sabio no choque conmigo».

El gato guardián

Un campesino que en su alacena
guardaba un queso de nochebuena
oyó un ruidito ratoncillesco
por los contornos de su refresco,
y pronto, pronto, como hombre listo
que nadie pesca de desprovisto,
trájose el gato, para que en vela
le hiciese al pillo la centinela,
e hízola el gato con tal suceso
que ambos marcharon: ratón y queso.

Gobiernos dignos y timoratos,
donde haya queso no mandéis gatos.

El pinzón y la urraca

Enséñame una canción;
dijo la urraca habladora
al gayo y diestro pinzón
que saludaba a la aurora.

–¿A ti? –repuso este–, ¡vaya!
No te burlarás de mí;
a pájaros de tu laya
¿quién pudo enseñarles, di?

–¿Y por qué? –Porque es preciso
para aprender, escuchar,
y un charlatán nunca quiso
dejar hablar, sino hablar.

La nariz y los ojos

Púsose la nariz malhumorada
    y dijo a los dos ojos:
«Ya me tienen ustedes jorobada
    cargando los anteojos».

«Para mí no se han hecho. Que los sude
    el que por ellos mira»;
y diciendo y haciendo se sacude,
    y a la calle los tira.

Su dueño sigue andando, y como es miope,
    da un tropezón, y cae,
y la nariz aplástase... Y del tope
    a los ojos sustrae.

Sirviendo a los demás frecuentemente
    se sirve uno a sí mismo;
y siempre cuesta caro el imprudente,
    selvático egoísmo.

157

La zorra y el mono

Dijo a la Zorra el Mono
con jactancioso tono:
–¿Quién mi talento excede?
Nómbrame un animal
al cual yo no remede
con perfección cabal.
–Y tú, soberbia alhaja,
–responde la marraja–,
nómbrame alguna bestia
que quiera baladí
tomarse la molestia
de remedarte a ti.

Las amenazas

A que te muerdo, ¡Chivo!
 –A que te embisto, ¡Perro!
–¡Ah! fue chanza, compadre,
los dos no reñiremos.

Así a la gente asustan
muchos presuntos héroes
que resultan compadres
en parándoles en seco.

Las flores

Dios para las muchachas
hizo las flores,
esos son sus confites
de mil colores;
y es más brillante
en su pelo una rosa
que un buen diamante.

Para escoger sus trajes
las señoritas
miren cómo se visten
las florecitas.
Naturaleza
es la mejor modista
de la belleza.

Las siete vidas del gato

Preguntó al gato Mambrú
el lebrel Perdonavidas:
–Pariente de Micifú,
¿qué secreto tienes tú
para vivir siete vidas?
Y Mambrú le contestó:
–Mi secreto es muy sencillo.
Pues no consiste sino
en frecuentar como yo
el aseo y el cepillo.